AF242444

PROCÈS

DU MARÉCHAL - DE - CAMP

RIGAU,

CONTUMAX;

ET DU CAPITAINE THOMASSIN,

COMMANDANT DE LA GENDARMERIE A CHALONS;

Contenant la séance du deuxième Conseil de la 1re. division militaire, les pièces du procès, la lettre du capitaine Thomassin au général Lallemand, et son discours; les conclusions du rapporteur, le jugement qui condamne à la peine de mort et aux frais du procès le général Rigau, et qui acquitte le capitaine Thomassin.

A PARIS,

CHEZ { 'PLANCHER , Éditeur de la Collection générale des Procès jugés en vertu de l'Ordonnance du Roi du 24 juillet 1815, rue Serpente, n°. 14;
EYMERY , Libraire, rue Mazarine , n°. 30 ;
DELAUNAY , Libraire , au Palais-Royal.

1816.

PROCÈS

DU MARÉCHAL-DE-CAMP

RIGAU,

ET DU CAPITAINE DE GENDARMERIE

THOMASSIN.

DEUXIÈME CONSEIL DE GUERRE PERMANENT

DE LA PREMIÈRE DIVISION MILITAIRE.

Séance du 16 *mai* 1816.

LE conseil, convoqué par les ordres de M. le comte Despinois, commandant la division, s'est réuni aujourd'hui pour juger le maréchal-de-camp Antoine Rigau, qui commandait le département de la Marne à l'époque du 20 mars 1815, prévenu d'avoir facilité le retour de Buonaparte, et d'avoir retiré de l'argent des caisses publiques pour corrompre les soldats, *contumax*; et Pierre-Joseph Thomassin, capitaine de gendarmerie en résidence à Châlons, prévenu de complicité avec ledit Rigau, *présent.*

Voici la liste des membres du conseil.

Président : M. le vicomte Obert, maréchal-de-camp, commandant du département de l'Aisne.

Juges : M. le comte de Coetlosquet, maréchal-de-camp, aide-major-général de la garde royale; le comte Dorsay, maréchal-de-camp, commandant la 2e. brigade de la 1er. division d'infanterie de la garde royale; le vicomte de Courteilles, colonel d'état-major; le comte de Quélen, chef d'escadron d'état-major; le chevalier Monjot de Dammartin, capitaine d'état-major; Montjay, capitaine d'état-major.

Procureur du Roi : M. le baron de Salgues, capitaine d'état-major.

Rapporteur : M. Viotti, chef d'escadron d'état-major.

La séance étant ouverte, le rapporteur donne lecture des pièces. La première est l'état ci-après, écrit et signé de la main du général Rigau.

Etat des recettes et dépenses faites par le général de brigade Rigau, commandant le département de la Marne, depuis le 28 janvier 1815 jusqu'au 21 mars suivant.

RECETTE.

Du 30 janvier, reçu de M. Corbineau, receveur-général. . . . . 7000 fr.

Du 22 février, reçu du même. . . 10000

Le 20 mars, en passant par Epernay, pris dans la caisse du receveur particulier. 10000

Total de la recette. . . . 27000

DÉPENSE.

Dépenses faites pour le 12e. régiment d'infanterie légère qui quittait Paris, du 28 janvier au 8 mars. . . . . . . 4000 fr.

Différentes dépenses faites pour entretenir les Polonais à Reims. . . . 2400

Dépenses secrètes dans le département et environs. 2000

Frais d'impression. 2000

Entretien à Paris d'un officier qui était chargé de me transmettre les ordres des généraux Lefebvre-Desnouettes et Lallemand. 3000

Un émissaire laissé à Châlons après mon départ pour m'instruire des dispositions des troupes et des mesures que pourrait prendre et faire prendre le duc de Bellune. 2000

Pour avoir fait enlever par le peuple un partisan de l'empereur, arrivant de Lyon et porteur de proclamations de S. M., qui avait été arrêté par la gendarmerie et par les ordres du commandant de la garde nationale, ce qui s'est exécuté avec succès, et ce qui a même provoqué l'opinion du peuple, qui s'est prononcé d'une manière très-vigoureuse 5000

Frais de poste. 4000

Frais extraordinaires de table pendant le séjour des troupes à Châlons. . 3006

Total de la dépense. . . 27400

RÉSULTAT.

La recette se monte à. . 27000
La dépense à. . . . , 27400
Excédant de dépense. . 400

Châlons, le 8 avril 1815.

Signé RIGAU.

Viennent ensuite la lettre d'envoi de cet état par le général Rigau au prince d'Eckmülh, ministre de la guerre, et diverses autres pièces, desquelles il résulte que cet état de dépenses a été ordonnancé et acquitté par le trésor; la lettre du général Lefebvre-Desnouettes dont nous avons donné le texte dans le procès de ce général; une autre lettre du sieur Thévenin, major des escadrons du train des équipages, en date, à Paris, du 15 avril 1815, adressée au général Rigau, dans laquelle il s'exprime en ces termes :

« Général, je rends hommage à la vérité en déclarant que depuis que j'ai eu l'honneur de vous voir à Châlons pour vous instruire du projet de rendre à la France son légitime souverain, l'empereur Napoléon, vous m'avez expédié plusieurs exprès pour apprendre de moi quel était l'esprit des habitans et de la troupe, et que notre correspondance à ce sujet était très-secrète et très-active. Recevez, etc. »

Le major commandant supérieur des escadrons du train des équipages militaires,

Signé THÉVENIN.

On lit ensuite une lettre du capitaine Thomassin au général Lallemand aîné, ainsi conçue :

Châlons, le 8 avril 1815.

Au lieutenant-général baron Lallemand, en son hôtel à Paris.

Mon cher général,

M. le général Rigau, qui part pour Paris, et qui se propose d'avoir le plaisir de vous voir, veut bien se charger de ma lettre. Je ne veux pas perdre une si belle occasion de vous féliciter sur votre belle entreprise et sur son résultat. Vous ne saviez probablement pas que j'étais capitaine de gendarmerie à Châlons; vous vous seriez retiré à nos côtés comme a fait le général Lefebvre-Desnouettes, et vous y auriez trouvé de bons amis qui vous auraient servi avec le zèle que nous portons tous à notre cher empereur; mais quel plaisir, pour moi particulièrement, j'aurais eu à recevoir un bon et vieil ami. Elevés à la même école, pleins des mêmes principes d'attachement et de dévouement à Napoléon, nous nous serions réunis pour une aussi belle cause. Ce que je n'ai pu faire avec vous, je l'ai fait avec le général Rigau, qui a bien voulu m'honorer de sa confiance et m'en donner une preuve précieuse dans le rapport qu'il a fait à S. Exc. le ministre de la guerre. Il porte son extrême bonté pour moi jusqu'à demander de l'avancement ou la croix d'officier en ma faveur. Il doit vous en parler, et je suis persuadé, mon général, que ce que vous lui direz de moi ne détruira pas la bonne opinion qu'il veut bien en avoir. Il me serait bien agréable de devoir à deux généraux que j'aime, que j'honore, l'une de ces deux grâces. Je ne vous parlerai pas de ma reconnaissance, vous connaissez mon cœur; je ne vous parlerai que de ma bonne et sincère amitié, qui, j'espère, ne vous déplaira pas, parce que vous n'êtes pas de ceux qui, dans un rang élevé, ne connaissent plus leurs anciens amis. Agréez-en donc l'assurance, mon cher général, et celle du respectueux dévouement de votre vieil ami.

Signé THOMASSIN.

Une foule de témoins ont été entendus dans cette affaire; toutes leurs dépositions ont été lues devant le conseil.

Le sieur Corbineau, receveur-général du département de la Marne, a déclaré qu'il n'avait fourni aucun fonds au général Rigau ; il a justifié ce fait par la représentation de ses registres, qui contiennent sa dépense comme particulier et comme receveur-général. Il a ajouté qu'il n'avait eu connaissance que d'une réquisition de 10,000 fr. frappée le 20 mars 1815, par le général Rigau, sur le receveur particulier d'Epernay.

Le sieur Leclerq, receveur particulier d'Epernay, a déposé qu'en effet le 20 mars 1815, le général Rigau l'avait requis de lui fournir 10,000 fr. pour payer la solde des troupes ; qu'il avait fourni cette somme, et qu'en définitif elle lui avait été allouée dans ses comptes.

Plusieurs agens de la police de Châlons et d'autres témoins ont remarqué que les officiers et soldats du 11e. régiment remplissaient, plus que de coutume, les cafés et les cabarets, à l'approche du 20 mars.

L'un des témoins, le sieur Blanchard, vitrier à Châlons, a entendu le 20 mars la conversation de deux femmes du peuple, dont l'une disait à l'autre : *Tu dois crier plus haut que moi vive l'empereur, car tu as reçu six fr. et moi je n'en ai reçu que cinq.*

D'autres déposent sur le fait de l'asile donné par le général Rigau à Lefebvre-Desnouettes. Ce général avait paru dans le département sous le nom de Brice ; l'un des témoins l'a reconnu le 20 mars sur la place de Châlons, au moment de l'insurrection, déguisé en roulier.

Tous les témoins s'accordent sur les circonstances de la trahison du général Rigau. C'est lui qui a excité les soldats à la défection et qui en a entraîné une partie avec lui.

Voici la déposition de M. le maréchal duc de Bellune, qui contient les détails de cet événement, entièrement conformes à ceux qui ont été donnés par les autres témoins.

J'arrivai à Châlons-sur-Marne, le 16 mars 1815, pour y réunir le corps d'armée sous mes ordres, destiné à marcher contre Buonaparte. Je descendis à la poste vers 10 heures du matin. Le général Rigau, prévenu de mon arrivée, vint me voir. Je lui prescrivis quelques dispositions de service, et après les lui avoir expliquées, je lui demandai ce qu'il pensait de l'esprit des habitans du département de la Marne dans les circonstances actuelles. Il me répondit qu'il y avait confiance, et que, de son côté, il servirait le roi de tous ses moyens. Je partis vers midi du même jour pour aller prendre les ordres du Roi à Paris, et au moment où j'allais monter en voiture, le général Rigau me présenta une proclamation écrite à la main, et dont les termes présentaient une opposition des plus virulentes à l'autorité royale. Cette proclamation, me dit le général Rigau, avait été répandue dans toutes les villes et campagnes du département, et son intention était d'en retirer tous les exemplaires. Elle était sans signature.

Je passai les journées des 17 et 18 à Paris, d'où je partis le 19 à 5 heures du matin pour retourner à Châlons, où j'arrivai le 20 à 10 heures du matin. Les troupes de mon commandement étaient réunies dans cette ville et dans les environs ; les bruits qui se répandaient de l'arrivée prochaine de Buonaparte à Paris m'engagèrent à porter une partie de ce corps sur la rive droite de la Marne, dans les diverses directions de Paris. J'ordonnai un mouvement en conséquence, en invitant MM. les colonels commandant les régimens qui l'opéraient, de les arrêter sur la place de Châlons, et de venir près de moi recevoir de nouvelles instructions. Ces colonels étaient à peine rendus près de moi, que nous entendîmes de grands cris proférés par un grand nombre de personnnes, ce qui me fit supposer que les troupes se révoltaient. J'ordonnai sur-le-champ aux colonels de retourner près de leurs corps, ne pouvant y aller moi-même, étant encore hors d'état de marcher par suite de la blessure que j'avais reçue en 1814. Arrivés sur la place, ils trouvèrent en effet les soldats en pleine insurrection, et le général Rigau à leur tête les haranguant et les excitant à la révolte contre l'autorité légitime. Indignés de cette conduite, ils menacèrent ce général de le sabrer s'ils ne se retirait au plus vite. Ce général prit aussitôt la fuite en se dirigeant vers Paris. Après cette scène, les troupes rentrèrent dans l'ordre, à l'exception du 5e. régiment de hussards et du 12e. d'infanterie de ligne, qui suivirent Rigau..... Le général Rigau revint à Châlons le même jour 20 mars, dans la nuit, avec l'intention de me faire arrêter par ordre, disait-il, de Buonaparte. Voilà tout ce que je puis dire sur la conduite qu'a tenue le général Rigau aux événemens de mars dernier. S Exc., interrogée sur la conduite qu'avait tenue à cette époque le capitaine Thomassin, ajoute : Qu'il ne le connaissait pas, mais que, décidé à faire arrêter le général Rigau, qui venait de fuir, il en notifia l'ordre à l'officier commandant la gendarmerie à Châlons, lequel s'était aussitôt mis en mesure de l'exécuter. Cet officier courut en conséquence, accompagné de plusieurs gendarmes, sur la route de Paris pour atteindre le général Rigau, qu'il trouva à la tête du 5e. régiment d'hussards et du 12e. régiment d'infanterie légère ; que voyant l'impossibilité de remplir sa mission, il revint à Châlons pour l'en instruire.

A l'égard du capitaine Thomassin, l'instruction n'a donné contre lui aucun indice de complicité, autre que sa lettre du 8 avril 1815. Le chevalier Durival, chef d'escadron, commandant la gendarmerie du département ; le lieutenant de la compagnie, M. de Blémont, déclarèrent que lorsque le capitaine eut reçu l'ordre du duc de Bellune d'arrêter le général Rigau, il le transmit sur-le-champ à son lieutenant, qui envoya des gendarmes à sa poursuite ; mais qu'ils ne purent exécuter cet ordre. Quant au capitaine Thomassin, il se rendit de sa personne chez le général pour y faire des perquisitions.

Les dépositions mêmes les moins favorables n'établissent aucune charge contre lui. Le sieur Nevier, capitaine d'état-major, a vu, le . . . . mars, le capitaine Thomassin, vêtu en bourgeois, entrer avec le fils et les filles du général Rigau dans le bureau de ce dernier ; il avait, dit-il, un air gai et délibéré.

Un autre témoin dépose qu'il lui a vu mettre la main sur un papier en disant : Pour celui-ci, j'en fais mon affaire.

Une foule d'autres témoignages rendent hommage à sa conduite sage et ferme.

Le préfet du département de la Marne, en confirmant tout ce qui est relatif au général Rigau, dit que le capitaine Thomassin s'est toujours bien conduit ; que même le 22 mars il a empêché le général Rigau de faire imprimer les décrets rendus par Buonaparte à Lyon, et que, si quelque chose a l'air de l'étonner dans cette affaire, c'est la lettre du capitaine Thomassin.

Dans les interrogatoires qu'il a subis dans sa prison, le capitaine Thomassin a constamment nié avoir eu connaissance des moyens employés par le général Rigau pour corrompre les sol-dats. Il a reconnu la lettre du 8 avril ; mais s'il l'a écrite, c'est pour parer aux persécutions qu'il redoutait de la part du général Rigau ; il a feint des sentimens contraires à ceux qui l'animaient.

Les dernières pièces du dossier sont des lettres adressées par M. le comte Beurnouville, pair de France, à M. de Clermont-Tonnerre, qui avait d'abord été désigné comme président du conseil, et à M. le vicomte Obert, dans lesquelles il certifie la bonne conduite et la moralité du capitaine Thomassin ; mais tout en se déclarant son protecteur, il proteste qu'il ne réclame du conseil que la justice la plus rigoureuse, et qu'il lui retire son estime et son appui si le conseil l'en juge indigne.

Après une interruption d'une demi-heure, l'accusé est introduit. Le président procède à son interrogatoire.

Interrogé sur ses relations avec le général Rigau, il déclare qu'il le voyait très-fréquemment ; mais qu'il a cessé de le voir lors des évènemens de mars, parcequ'il a cru remarquer qu'il ne marchait pas sur la même ligne que lui.

Interrogé s'il connaissait Lefevbre-Desnouettes, il répond qu'il ne l'a vu qu'une fois en l'an 8, et qu'il l'aurait reconnu difficilement. On lui avait donné avis de son mouvement avec ordre de l'arrêter, mais on n'y avait pas joint son signalement.

D. Pourquoi ne l'avez-vous pas arrêté le 20, à Châlons, sur la place publique ?

R. Cela était impossible ; alors le général était à la tête des troupes qu'il a emmenées avec lui, ainsi que le général Lefebvre-Desnouettes ; d'ailleurs je ne l'ai su qu'après qu'ils ont eu quitté la ville ; aussitôt que j'en ai été informé, j'ai fait courir après eux, mais mes gendarmes ont rencontré leur troupe, et ils sont rentrés sans avoir présenté l'ordre.

D. Avez-vous eu connaissance des agens employés par le général Rigau pour corrompre les soldats ?

R. Aucune.

D. Connaissiez-vous le général Lallemand aîné ?

R. Nous avions été ensemble aides-de-camp du général Junot ; depuis, nous n'avions eu aucune relation ensemble.

D. Quels sont les motifs qui vous ont fait écrire la lettre du 8 avril ?

R. La crainte d'une réaction ; j'avais cette peur, général.

D. Elle est impardonnable. Cette lettre prouve que vous connaissiez le général Lallemand ?

R. Elle prouve le contraire, puisqu'il en résulte qu'il ne savait pas que j'étais capitaine de gendarmerie.

Vous y parlez de la confiance du général Rigau ; vous lui dites : Ce que je n'ai pu faire avec vous, je l'ai fait avec le général Rigau. Qu'avez-vous donc fait avec le général Rigau ?

R. C'est là où est l'erreur; je n'ai rien fait, cette confiance n'a pas existé.

D. N'avez-vous pas envoyé chez le duc de Bellune des gendarmes, avec ordre de l'arrêter?

R. Voici ce qui s'est passé : dans la nuit du 20 mars, le général Rigau est venu me donner l'ordre d'arrêter le duc de Bellune. Vous concevez combien ma position était difficile; j'avais, le matin, reçu du duc de Bellune l'ordre d'arrêter le général Rigau.....

D. Il fallait l'arrêter?

R. Cela n'était pas possible, il était à la tête de toute sa troupe ; mais j'ai envoyé prévenir mon chef d'escadron ; j'ai imaginé toutes sortes d'obstacles pour laisser du temps au duc de Bellune. Le chef d'escadron est arrivé ; alors j'ai appris que le duc de Bellune était parti ; j'en ai été enchanté ; mais en tout cas, j'étais décidé à ne pas le faire arrêter, on m'aurait plutôt arrêté moi-même.

D. Quels sujets aviez-vous de craindre le général Rigau?

R. Je craignais qu'il ne se vengeât de ce que je m'étais retiré de lui à l'époque de mars; il s'était expliqué sur mon compte de manière à m'alarmer.

D. Il y avait encore plus de danger à donner votre démission?

R. Quand j'ai écrit ma lettre, je n'ai pas réfléchi; quand j'ai donné ma démission, j'ai réfléchi. Voilà comment ma lettre est contraire à mes principes et comment ma démission y est conforme. La lettre a été écrite chez le général Rigau, sous ses yeux, dans son cabinet, sur son papier, car le mien était imprimé.

D. Avez-vous eu connaissance que le général

Rigau ait touché des fonds provenant de caisses publiques ?

R. Je n'ai eu connaissance d'une somme de 10,000 fr. que long-temps après le 20 mars; à l'égard des deux autres sommes, je n'en ai entendu parler qu'ici.

D. Vous avez eu connaissance des déréglemens des soldats. Il fallait vous en entendre avec le préfet?

R. Malheureusement il fallait aussi s'entendre avec le général ; d'ailleurs je n'ai pas remarqué plus de mouvement qu'à l'ordinaire.

D. Et chez les habitans ?

R. Ils n'ont pas pris la moindre part aux événemens.

D. Quel est le rapport avantageux fait par le général Rigau au ministre de la guerre, dont il est question dans votre lettre ?

R. Il disait que les gendarmes s'étaient bien conduits, mais seulement dans le sens qu'ils avaient maintenu l'ordre.

D. Dans la lettre, vous demandiez de l'avancement ?

R. C'était pour entrer dans le sens du général Rigau; mais en même temps je demandais ma démission et je l'obtenais.

D. Vous deviez arrêter le général Rigau lorsqu'il s'est présenté chez vous ?

R. Je ferais le fanfaron si je vous disais que j'ai voulu l'arrêter; il est arrivé chez moi à une heure après minuit, accompagné d'un colonel, de deux aides-de-camp et d'un peloton de cavalerie.

D. Je crois bien que vous n'auriez pas réussi à l'arrêter, mais vous auriez fait votre devoir, et vous auriez été arrêté après. Il y avait du danger, mais il y en a aussi à se lancer sur une redoute, et c'est aussi un devoir?

R. Mais, général, il y a un but d'utilité, et il n'y en avait pas à dire au général que je voulais l'arrêter lorsque je ne le pouvais pas; c'eût été une fanfaronade inutile.

D. La lettre prouve vos intentions?

R. Elle n'a été écrite que long-temps après.

D. Pourquoi êtes-vous accusé d'avoir détourné des fonds des caisses publiques?

R. C'est à moi que vous le demandez, général; je n'en sais rien.

L'interrogatoire étant terminé, le rapporteur prend la parole.

Messieurs, dit-il, le procès sur lequel vous allez prononcer tiendra, avec celui du général Debelle, une place remarquable dans l'histoire des funestes événemens de mars 1815. Se présentant aux générations futures avec le caractère imposant des actes judiciaires, l'un et l'autre leur attesteront la perfidie des citoyens qui furent employés pour assurer le succès de l'entreprise de Buonaparte, de même qu'ils leur feront connaître dans quelle classe d'hommes les fauteurs de la rébellion parvinrent à recruter des complices. Le procès du général Debelle a donné la preuve que dans le Dauphiné même les agens de l'usurpateur n'avaient pu rallier à eux que des misérables flétris dans l'opinion, ou que des hommes dont la crédulité égalait l'ignorance. Le procès qui vous est soumis démontre que c'est à prix d'argent qu'ils faisaient des recrues, que c'est à prix d'argent qu'ils ont ouvert à Buonaparte le chemin de l'île d'Elbe à Paris. En vain quelques artisans de révolution répéteraient encore

que Buonaparte fut secondé par les dispositions
du peuple ; en vain vous rappelerait-on les facili-
tés trouvées dans cette marche si célébrée des
côtes de la Provence aux plaines de Villejuif,
tout s'explique ; les traces de la conspiration ne
sont pas toutes effacées ; la vérité se dégage du
voile derrière lequel on la tenait cachée. Il sera
évident pour la postérité que nous ne voulions
pas de changement ; que nous goûtions les dou-
ceurs d'une paix depuis long-temps desirée ; que
déjà se réalisaient pour nous les espérances qu'a-
vaient fait naître le retour de notre souverain
légitime ; mais qu'il a plu à quelques-uns de
ceux qui précédemment avaient fait trafic de nos
libertés et de notre sang, de vendre à leur ancien
maître notre repos, nos espérances et notre souverain légitime. Il sera évident que la confiance
magnanime du monarque servit les conspirateurs;
qu'il retrouvèrent d'anciens compagnons de trou-
ble dans toutes les parties et à tous les degrés de
l'administration, et qu'il ne leur resta plus qu'à
égarer les esprits, qu'à les préparer à l'apparition
du despote. Il sera évident que des émissaires
salariés à grands frais furent distribués dans l'armée, dans les campagnes, et qu'avec eux se répandaient les calomnies, les impostures, les crain-
tes chimériques et les folles illusions.

Ainsi les pièces que j'ai déposées sur votre bureau vous révèlent qu'un officier-général, chargé
par le Roi d'un commandement important, em-
ployait, sous la direction des chefs réunis à Paris,
l'argent a salarier des provocateurs à la révolte,
à faire imprimer et distribuer des proclamations
séditieuses, à débaucher les troupes, à préserver
de l'action de la loi les espions de Buonaparte, à

préparer enfin, sur le point où il se trouvait, le triomphe de l'usurpateur. Ces pièces, Messieurs, vont fixer irrévocablement l'opinion sur la trame criminelle des révolutionnaires. Ces pièces appuieront de toute leur authenticité le récit impartial qui sera fait dans les siècles à venir de nos derniers malheurs. Échappées aux précautions prises en juillet dernier pour faire disparaître tous les indices des complots qui ont précédé le 20 mars, et recueillies par les soins du ministre de la guerre, elles serviront de base à l'accusation qui plane aujourd'hui sur le maréchal-de-camp Rigau, et qui amène devant vous le capitaine de gendarmerie Thomassin.

Le maréchal-de-camp Rigau vous est dénoncé comme s'étant rendu coupable de trahison et de rébellion ; le capitaine Thomassin est accusé de s'être rendu complice de ces crimes. Le capitaine Thomassin fut arrêté à la fin de décembre dernier. La publicité donnée aux causes de cette arrestation apprit au sieur Rigau que le jour du châtiment approchait. Cet officier-général était déjà hors du royaume, lorsqu'on se présenta chez lui pour s'assurer de sa personne.

En tête de la procédure qui vient d'être mise sous vos yeux, on remarque l'état des dépenses secrètes faites dans un de nos départemens pour le service de Buonaparte. Ces dépenses commencent en janvier 1815 et se terminent le 19 mars suivant. L'on voit qu'une somme de 5,000 fr. fut employée uniquement pour procurer l'évasion d'un agent subalterne des conspirateurs. Les régimens dans lesquels on faisait des distributions d'argent y sont désignés. C'était le maréchal-de-camp Rigau, commandant pour le Roi le département de la Marne, qui ordonnait et acquittait ces dépenses. C'est lui qui a dressé et signé ce même état, lui qui, en avril 1815, a demandé le remboursement de ses avances.

Les autres pièces, au nombre de quatre, que vous avez sous les yeux, comme devant servir à conviction, vous apprennent qu'il existait une correspondance active entre les principaux agens de la conspiration, à l'effet de faire coordonner les mesures particulières que chacun prenait pour arriver au but commun. Elles ne laisseront pas aussi ignorer le zèle que des fonctionnaires publics, commis par le Roi, mettaient à remplir les vues des conspirateurs.

Le général Rigau n'est point ici pour répondre aux questions qu'il eût été intéressant de lui adresser. Sans doute qu'en avouant les faits matériellement prouvés, il vous aurait entretenus de la pureté de ses intentions et de l'amour de son pays : mais en appréciant avec rigueur de pareilles protestations, vous lui auriez demandé compte de cette duplicité, de cette profonde hypocrisie qu'il a mises dans sa conduite jusqu'au jour de l'envahissement du pouvoir par l'usurpateur. Vous lui auriez rappelé qu'au moment où il donnait asile chez lui à Lefebvre-Desnouettes, que peu avant le jour où il foula sous ses pieds les couleurs royales, le lis et la croix de Saint-Louis, où il blasphéma contre la famille royale, où il entraîna une partie des troupes dans sa rebellion, il rassurait le maréchal duc de Bellune sur l'esprit de fidélité des hommes placés sous son commandement, il se plaignait à ce maréchal de la distribution dans les villes et dans les campagnes de ces proclamations séditieuses que lui-même avait fait imprimer et répandre.

Ce fut le 20 mars au matin que le maréchal-de-camp Rigau, ayant fait mettre sous les armes les troupes qui avaient été réunies à Châlons, leur apprit la marche de Buonaparte sur Paris, sa prochaine entrée dans la capitale, qu'il leur ordonna de crier *vive l'empereur !* Le régiment qui, avant cette réunion, formait la garnison de Châlons fut seul, avec un régiment de hussards, docile à la voix de Rigau. Les soldats des corps arrivés d'autres départemens furent indignés des propos que tenait le général, et M. le duc de Bellune affirme qu'ils voulurent le sabrer (ce sont là les expressions de S. Exc.). L'accusé Rigau prit la fuite et se retira à Epernay, escorté des deux régimens dont il avait provoqué la défection, et qui étaient allés le joindre. Le lendemain, 21 mars, Rigau fit publier l'installation de Buonaparte, et reprit, au nom de l'usurpateur, le commandement du département de la Marne.

Il ne vous a pas échappé, Messieurs, que parmi les témoins entendus à Epernay et à Châlons, plusieurs, tels que le commissaire de police Leblond et l'officier de gendarmerie Durival, avouent que le 12e. régiment d'infanterie légère, l'un de ces régimens qui figurent sur le mémoire de dépenses de Rigau, se faisait remarquer avant l'arrivée de Buonaparte, par son mauvais esprit et par l'affluence dans les cafés et cabarets de Châlons des hommes qui le composaient. Vous n'aurez point oublié ces paroles proférées par une femme de

Châlons à une de ses compagnes : *Tu dois crier plus haut que moi vive l'empereur, car tu as reçu 6 fr. et moi je n'ai reçu que cent sols.* Vous vous rappellerez que le témoin Grécot atteste avoir vu le 20 mars, et un instant avant la sédition de la troupe, un sergent-fourrier de la garnison qui, placé au coin d'une place publique, arrêtait tous les soldats qui passaient, leur donnait de l'eau-de-vie à boire et leur faisait crier *vive l'empereur.*

Voilà les faits, voilà les particularités qui justifient l'accusation qui est portée devant vous contre le sieur Rigau. C'est d'après ces faits que la France réclame de vous un jugement qui déclare ce militaire traître à son Roi et à son pays.

Les charges qui pèsent sur le capitaine Thomassin résultent de la lettre qu'il écrivit le 8 avril 1815 au lieutenant-général Lallemand ; les termes n'en sont pas équivoques (M. le rapporteur relit la lettre).

Ainsi, M. le capitaine Thomassin déclarait, il y a un an, qu'il avait été le complice du général Rigau ; il dictait par-là les termes de l'accusation dont il a à se justifier aujourd'hui. Il n'y a rien dans les pièces à charge qui puisse justifier cette accusation, et les bons témoignages que l'on trouve dans les pièces à décharge ne suffisent pas pour détruire l'impression profonde qu'a faite sur vos esprits cette lettre du capitaine Thomassin. L'accusé a répondu aux questions qui lui ont été faites, 1º. que les protestations exprimées dans sa lettre n'étaient pas dans sa pensée ; 2º. que les faits attestés dans cette lettre ne sont pas réels ; 3º. qu'il

l'a écrite pour donner le change sur ses opinions
au général Rigau, qui le voyait avec défiance, et
qui, au 8 avril, date de la lettre, pouvait facilement le perdre. L'accusé fait observer que sur
tous les témoins qui ont été entendus, tant à Châlons qu'à Epernay, aucun ne l'accuse directe-
ment, et que plusieurs parlent avantageusement
de lui. Il fait valoir enfin les attestations favorables qu'il a obtenues de plusieurs personnages
marquans.

Ces raisonnemens de l'accusé n'effacent pas, je
le répète, l'impression que vous a faite sa lettre
du 8 avril ; mais je conçois qu'ils peuvent et doi-
vent la contrebalancer. Remarquez, en outre,
qu'aux argumens que l'on tirerait du texte de la
lettre, le capitaine Thomassin répondra encore
qu'un homme n'est point admis à s'accuser lui-
même ; qu'il donne sur le contenu de cette lettre
des explications qui, tout invraisemblables qu'elles
paraissent, peuvent à la rigueur être vraies, et
qu'elles sont envisagées comme telles par votre
rapporteur.

Tout en avouant que je n'ai pas la conviction
intime de la complicité de l'accusé dans les crimes
dont le général Rigau s'est rendu coupable, je ne
dois pas taire que cette conviction que je ne sens
pas, vous pouvez, Messieurs, l'avoir acquise. Ma
manière de sentir, de juger, ne doit ni ne peut
influer sur le résultat de votre examen. Mais
quelle que soit la détermination que vous pren-
drez à l'égard du capitaine Thomassin, vous n'hé-
siterez pas à prononcer la condamnation du maréchal-de-camp Rigau, d'un homme qui, non

content de se parjurer, débauchait le soldat , soulevait la populace et donnait asile à un général qui venait de se souiller du plus grand des crimes, en marchant sur la capitale et en menaçant la personne sacrée du Roi.

Je conclus à ce que le maréchal-de-camp Rigau soit déclaré coupable d'avoir employé l'autorité qui lui était conférée par le Roi, pour soustraire la troupe à l'obéissance de S. M. , et pour coopérer au succès de l'attentat, ayant pour objet de détruire le gouvernement et l'ordre de successibilité au trône, et s'être par-là rendu coupable du crime spécifié par l'art. 87 du code pénal ordinaire ; en outre du crime de trahison, prévu par l'art. 1er. du titre III de la loi du 21 brumaire an 5.

Quant au capitaine Thomassin, je demande qu'il soit déchargé de l'accusation dirigée contre lui ; je demande enfin l'impression du jugement à 5oo exemplaires.

Le président donne la parole à l'accusé : le capitaine Thomassin se lève et dit :

Messieurs, rassuré par une conscience sans reproche, confiant dans mon innocence autant que dans votre justice, je parais devant vous sans défenseur, non que je présume assez de mes moyens, mais parce que, dans un affaire aussi simple, j'ai pensé que je n'avais besoin, pour ma justification , que de vous exposer ma conduite avec la franchise d'un militaire qui parle à ses chefs en même-temps qu'il parle à ses juges.

Après ce préambule , l'accusé retrace tout

l'exposé de sa conduite au moment des événemens du 20 mars. Il était en tournée dans le département, lorsque le 8 mars il apprit à Reims,
où il se trouvait alors, le débarquement de Buonaparte. Il y avait du mouvement dans la ville,
excité par la présence d'un dépôt polonais, dont
les soldats étaient tous dévoués à Buonaparte. Il
s'empressa d'en rendre compte à ses chefs, et c'est
sans doute sur son avis que ce dépôt fut éloigné.
Jugeant alors sa présence nécessaire au chef-lieu,
il interrompit sa tournée et revint à Châlons, où
son unique soin fut de maintenir l'ordre et la
tranquillité publique. Ses gendarmes ne prirent
aucune part aux événemens ; même après le retour du général Rigau ils ne se trouvèrent pas à
la revue de ce général ; et le 23 mars, leur caserne
portait encore l'inscription : *Gendarmerie royale*,
qui ne fut ôtée qu'à la demande des gendarmes
mêmes, parce qu'elle excitait de la part de la
troupe de ligne des insultes qui pouvaient trou-
bler la tranquillité publique.

En ma qualité de capitaine de gendarmerie,
dit-il, j'ai fait, d'après l'ordre que j'en ai reçu,
tout ce qui dépendait de moi pour arrêter celui
dont on m'accuse d'être le complice. Je n'ai pris
et j'ai donné à ma compagnie l'ordre de ne prendre aucune part aux mouvemens qu'il opérait.
J'ai contribué à faire éloigner de Reims un dépôt
polonais, dont les intentions étaient mauvaises. J'ai
conservé et fait conserver à ma troupe la cocarde
blanche jusqu'au 23 mars, lorsque toute la troupe
de ligne avait pris les trois couleurs. J'ai enfin, par
fidélité au Roi, demandé et obtenu ma retraite

pendant l'usurpation. Tous ces faits ne repoussent-ils pas l'idée que j'ai pu me rendre coupable d'aucun complot contre le gouvernement royal.

Le capitaine Thomassin se disculpe plus facilement encore de l'accusation d'avoir spolié les caisses publiques. Une accusation aussi grave, faite aussi légèrement, a froissé son ame. Il établit au reste qu'il n'a point pu prendre part à la réquision de 10,000 fr., qui a été faite le 20 mars, à Epernay, puisqu'il n'a point quitté Châlons ce jour-là ni les jours suivans.

Il fait remarquer ensuite qu'il n'a fait citer ni indiquer aucun témoin à décharge, et que cependant toutes les dépositions sont d'accord entr'elles. Aucun ne le charge à l'égard des faits dont on l'accuse, tous rendent hommage à sa moralité et à sa bonne conduite; et cependant, ajoute-t-il, j'étais depuis 5 ans capitaine de gendarmerie dans le département, comment ai-je dû remplir les fonctions délicates et difficiles qui m'étaient confiées, si je ne me suis pas fait un seul ennemi, si je n'ai jamais reçu de mes chefs que des éloges pour mon service.

Un témoin dépose que j'avais l'air gai et délibéré avec Mme. Rigau. Chargé d'une mission pénible, je n'ai pas cru devoir aggraver sa douloureuse position par des formes dures et grossières: dans l'arme de la gendarmerie, la politesse n'est point incompatible avec la fermeté.

Une autre personne dépose qu'on lui a dit que j'avais pris un papier chez le général Rigau, en disant : Pour celui-là, j'en fais mon affaire. Ce

propos est faux; je le nierais vis-à-vis de Mme. Rigau même, qui seule aurait pu le tenir, si elle
l'avait tenu, car ma démarche chez le général
n'avait pas pour objet de saisir ses papiers, mais
seulement de rechercher sa personne.

Il se demande ensuite comment il a pu être
mis sous le poids de l'accusation qui pèse sur lui ;
et il reconnaît que sa lettre du 8 avril a dû faire
croire qu'il était dans la confidence du général
Rigau. Mais, Messieurs, ajoute-t-il, lorsque l'in-
vestigation la plus scrupuleuse vous démontre
que j'ai agi dans un sens diamétralement opposé
à la défection, l'idée de cette prétendue confidence disparaît, et il ne reste rien de l'accusation de complicité. Rien, dans ma conduite, ne
vient à l'appui de cette lettre. Les circonstances
qui l'ont précédée ne s'y rattachent en aucune
manière ; enfin, elle est en contradiction évi-
dente avec mes principes et mes actions. On doit
assez voir qu'elle n'est qu'une inconséquence
échappée à la crainte d'une réaction. Oui, Messieurs, ce fut cette crainte qui me fit inconsi-
dérément écrire cette lettre, à la sollicitation du
général Rigau, sous ses yeux et dans son cabinet. Je la remis à ce général qui partait pour
Paris et qui, au lieu de la faire parvenir à son
adresse, la garda dans ses papiers. Il fut fait pri-
sonnier le 2 juillet sous les murs de Châlons.
Ma lettre passa, je ne sais par quel intermédiaire,
entre les mains de M. Aublin de Châlons, dont
le royalisme n'est pas suspect, et qui, s'il eût eu
quelque doute sur ma fidélité, n'aurait pas man-
qué de faire connaître cette lettre à l'autorité.

Cependant il me vit reprendre, le 28 juillet, mes fonctions de capitaine de gendarmerie à Châlons, et me témoigna son estime, tant il était loin de m'imputer à crime la fatale lettre qu'il avait entre les mains et qu'il a gardée jusqu'au milieu du mois de décembre. Par quelle fatalité a-t-elle ensuite été envoyée à l'autorité, au moment même où l'on s'occupait de la réorganisation de la gendarmerie. Je ne chercherai point à en approfondir les causes : il me suffira de faire remarquer que je ne dois point la publicité de ma lettre à la défiance et à la mauvaise opinion qu'on aurait eue de moi. Je me défends ; je n'accuse personne.

Cependant, je ne dois qu'à cette publicité la malheureuse accusation qui pèse sur moi. Sans elle, au lieu de figurer en accusé au procès du général Rigau, je n'y paraîtrais que comme témoin. Je dois à elle seule une accusation terrible, la perte de mon état, et quatre mois et demi d'une cruelle détention.

L'accusé ayant déclaré n'avoir rien à ajouter à sa défense, le conseil passe aux opinions. Il est 3 heures.

A 4 heures et demie la séance est reprise, et M. le président prononce le jugement suivant :

Le conseil délibérant à huit clos, en présence seulement de M. le procureur du Roi, le président a posé les questions ainsi qu'il suit :

Le général Rigau, accusé 1°. de trahison, en ce qu'il a employé l'autorité qui lui avait été conférée par le Roi à soustraire sa troupe à l'obéissance de S. M., est-il coupable ?

2ª. De rebellion, en ce qu'il a coopéré au succès de l'attentat ayant pour objet de détruire le Gouvernement et l'ordre de successibilité au trône, est-il coupable ?

3º. D'avoir retiré des fonds d'une caisse publique à Epernay, et de les avoir employés à corrompre les soldats, à salarier des agens secrets et à concourir ainsi au succès de l'usurpation, est-il coupable ?

Ces trois questions ont été résolues affirmativement.

Les mêmes questions ayant été posées à l'égard du capitaine Thomassin, le conseil les a résolues négativement.

En conséquence, le conseil a condamné le général Rigau, *absent* et *contumax*, à la peine de mort et aux frais du procès ; a déchargé le capitaine Thomassin des accusations portées contre lui, a ordonné qu'il serait mis en liberté et à la disposition du commandant de la 1ʳᵉ. division militaire, et a ordonné l'affiche du jugement au nombre de cinq cents exemplaires.

De l'Imprimerie de DOUBLET, rue Gît-le-Cœur, n°. 7.